**Hallo!**

In der Geschichte findest du an einigen Stellen Profifragen zum Text.

Deine Antworten kannst du mit einem Lesezeichen überprüfen. Das kannst du hinten aus dem Buch herausnehmen.

Es ist dein Lösungsschlüssel!

Aus Verantwortung für die Umwelt hat sich der Fischer Kinder- und Jugendbuch Verlag zu einer nachhaltigen Buchproduktion verpflichtet. Der bewusste Umgang mit unseren Ressourcen, der Schutz unseres Klimas und der Natur gehören zu unseren obersten Unternehmenszielen.

Gemeinsam mit unseren Partnern und Lieferanten setzen wir uns für eine klimaneutrale Buchproduktion ein, die den Erwerb von Klimazertifikaten zur Kompensation des CO2-Ausstoßes einschließt.

Weitere Informationen finden Sie unter: www.klimaneutralerverlag.de

Weitere Informationen zum Kinder- und Jugendbuchprogramm der S. Fischer Verlage finden Sie unter: www.fischerverlage.de

FSC www.fsc.org
MIX
Papier aus verantwortungsvollen Quellen
FSC® C043106

Erschienen bei FISCHER Duden Kinderbuch



Fachberatung: Ulrike Holzwarth-Raether
Gestaltungskonzept: Farnschläder & Mahlstedt, Hamburg
Layout: Michelle Vollmer, Mainz
Umschlagkonzept: Frauke Schneider, Wittighausen
Umschlaglayout: Mischa Acker, Brühl

Druck und Bindung:
Grafisches Centrum Cuno GmbH & Co. KG, Calbe
Printed in Germany
ISBN 978-3-7373-3457-0

Leseprofi

# Die Baumretter

Luise Holthausen

mit Bildern von Iris Hardt

FISCHER Duden Kinderbuch

# Inhalt

# 1. Am Hexenhaus

Hurra, es sind Sommerferien!
Frieda besucht jeden Tag
ihren Freund Mario.
Sein Vater hat gerade Urlaub
und passt auf die beiden auf.
Rund um ihre Straße dürfen die Kinder
aber auch alleine unterwegs sein.
Mario nimmt dann immer einen Block,
einen Stift und eine Lupe mit.
Frieda steckt eine Taschenlampe
in den Gürtel. Sie hängt sich noch
ein Fernglas um den Hals.
Dann geht es los.

Frieda und Mario
sind nämlich Forscher.
Gerade erkunden sie
die Wiese neben dem Hexenhaus.
Das Haus ist uralt.
Es ist krumm und schief.
Darin wohnt aber gar keine Hexe,
sondern die nette Frau Peine.
Sie ist mindestens
so alt wie das Haus.
Die Kinder dürfen immer
auf ihrer Wiese spielen.

Leise streifen Frieda und Mario durch das Gras.
Manchmal bleiben sie stehen und schauen sich um.
Als Forscher müssen sie alles ganz genau beobachten.
Sie spitzen die Ohren.
Denn Forscher müssen auch ganz aufmerksam hinhören.

**Profifrage 1**

Die beiden Kinder spitzen die Ohren. Was heißt das nicht?

- lauschen
- horchen
- Ohrenspitzen haben

Das Gras wächst ihnen
bis zu den Knien.
Es ist nicht gemäht.
Das schafft Frau Peine
schon lange nicht mehr.
Aber das ist eigentlich toll.
Überall wachsen bunte Blumen.
Frieda beobachtet eine Hummel.
Es summt und brummt in jeder Blüte.
Mario flüstert:
„Guck mal, eine Libelle!“
Ihre Flügel schillern im Sonnenlicht.

Auf der Wiese steht auch eine Linde.
Das ist Friedas Lieblingsbaum.
Sie schnuppert an den Blüten.
„Mmh“, macht Frieda.
Wie honigsüß die duften!
Neben den Wurzeln liegt noch
ein Laubhaufen vom letzten Herbst.
Darin raschelt es.
Frieda fragt leise:
„Was ist das für ein Tier?“
Aber es bleibt in seinem Versteck.

Frieda klettert auf einen Ast.
Mario klettert hinterher.
„Toller Ausblick!“, sagt er.
Tock, tock, tock.
Über ihnen hämmert
ein Specht gegen den Stamm.
Ein Eichhörnchen saust
hinauf in die Baumkrone.

Ein Käfer krabbelt über ein Blatt.
Mario guckt durch seine Lupe.
Dann zeichnet er
den Käfer in den Block.
Frieda schaut durch ihr Fernglas.
So kann sie die Vögel am Himmel
ganz deutlich sehen.
Eine Amsel setzt sich auf
das Dach vom Hexenhaus.
Frieda stutzt. Etwas am Haus
ist anders. Nur was?
Dann erkennt sie es.

Frieda ruft aufgeregt:
„Es sind keine Vorhänge mehr da!
Ich kann durch die Fenster gucken.
Das Haus ist leer.
Frau Peine ist schon weg!“
Dann wohnt Frau Peine jetzt
bei ihrem Sohn.

Mama hat ihr neulich davon erzählt.
Frau Peine kann sich nicht mehr
so gut um das Hexenhaus kümmern.
Deshalb will sie es verkaufen.

### Profifrage 2

Woran erkennt Frieda,
dass Frau Peine weg ist?

- Die Vorhänge sind zugezogen.
- Die Vorhänge sind verschwunden.
- Die Fenster sind geschlossen.

Die Kinder hören Motorengeräusche.
Ein Auto fährt vor das Hexenhaus.
Dann kommt noch eins.
Aus den Autos steigen
eine Frau und ein Mann aus.
Der Mann trägt einen blauen Anzug,
die Frau einen grauen Hosenanzug.
Die beiden schütteln sich die Hand.
Dann gehen sie zum Hexenhaus.
Aber sie klingeln nicht.
Die Frau macht einfach die Tür auf!
„Die brechen ein“, zischt Frieda.

„Die Frau hat einen Schlüssel“,
flüstert Mario. „Aber woher?“
Frieda beobachtet alles
durch ihr Fernglas.
Die Fremden gehen durch das Haus.
„Vielleicht verkauft die Frau
das Haus für Frau Peine“, sagt Frieda.
So was macht eine Maklerin.
Das hat Mama ihr mal erklärt.
Dann ist der Mann der Käufer.
Hoffentlich ist er genauso nett
wie Frau Peine.

Nach einer Weile kommen
die beiden wieder aus dem Haus.
Sie gehen durch den Garten
bis zur großen Wiese.
Unter dem Baum bleiben sie stehen.
Frieda und Mario halten den Atem an.
Sie rühren sich nicht.
Zum Glück hat der Baum
so viele Blätter!
Niemand kann sie sehen.

„Das ist ein tolles Grundstück“,
sagt die Maklerin.

„Oh ja“, denkt Frieda
oben auf dem Baum.
„Oh ja“, sagt der Käufer
unter dem Baum.
„Ich werde das Haus abreißen.
Dann ist Platz für
eine große, moderne Villa.
Die Wiese muss auch weg.
Denn ich brauche noch einen großen
Carport für all meine Autos.“

## Profifrage 3

Was bedeutet das Wort „Carport“?

- eine Werkstatt
- eine Garage
- ein überdachter Abstellplatz für Autos

Puh! Vor Schreck fällt Frieda
fast vom Baum.
Das Hexenhaus soll weg?
Und die Wiese auch?
Dann bleibt der Lindenbaum
bestimmt auch nicht stehen!
Der Käufer verabschiedet sich.
Er braust mit seinem Auto davon.
Sofort klettert Frieda vom Baum.
Sie springt der Maklerin
direkt vor die Füße.

„Wo kommst du denn her?“,
fragt die verwundert.
Frieda ruft: „Sie dürfen dem Mann
das Haus nicht verkaufen!“
„Und warum nicht?“, fragt die Maklerin.
„Er will alles plattmachen“,
sagt Frieda wütend. „Das Haus,
die Wiese und sogar den Baum!“
Aber das interessiert
die Maklerin nicht.
„Wer am meisten zahlt,
kriegt das Haus.“
Dann fährt auch sie weg.

Frieda ist stinksauer.
Das geht doch nicht!
Da muss man doch was tun!
„Da kann man nichts tun“,
meint Mario traurig.
Frieda erzählt zu Hause ihren Eltern
davon. Auch sie sagen:
„Da kann man leider nichts tun.“
Frieda will das nicht glauben.

Frieda möchte Frau Peine anrufen
und ihr alles erzählen.
Die alte Dame ist bestimmt auch
gegen den Abriss und die Baumfällung.
Aber Frieda kennt
ihre Telefonnummer nicht.
Die Eltern wissen sie auch nicht.
Die Maklerin kennt die Nummer bestimmt.
Aber die will alles an den Mann
mit den vielen Autos verkaufen.

Am Abend geht Frieda
noch einmal zur großen Wiese.
Sie lehnt sich an den Lindenbaum.
Sein Stamm ist so dick und stark.
Friedas Arme reichen nicht
um ihn herum.
Wieder raschelt es
neben ihr im Laubhaufen.
Wieder ist nichts zu sehen.
Das Eichhörnchen hüpft
über die Zweige.
Auf dem Hexenhaus sitzt die Amsel
und singt ihr Abendlied.

Ohne die Wiese
und den Lindenbaum
haben all diese Tiere
kein Zuhause mehr.
Nein, das geht nicht.
Das darf nicht sein.
Frieda wird doch etwas tun.
Und sie weiß auch, was.

## 2. Die Aktion beginnt

Am nächsten Morgen
ist alles wie immer.
Papa, Mama und Frieda
frühstücken in der Küche.
Frieda packt ihren Rucksack.
Mama geht zur Arbeit.
Papa bringt Frieda zu Mario.
„Tschüs, bis heute Abend“,
sagt er und gibt ihr einen Kuss.
Dann geht auch er zur Arbeit.

Aber etwas ist heute doch anders.
Frieda hat einen Plan.
Sie hat ihren Malblock dabei.
Nur malt sie nicht. Sie schreibt.
„Was machst du da?“,
fragt Mario neugierig.
Frieda zeigt es ihm.
„Rettet den Baum!“
steht da in großen Buchstaben.

**Profifrage 4**

Lies den Plakattext von hinten.
Welcher stimmt?

- MBAZ DNE TERETT
- MAUB END ETETTR
- MUAB NED TETTER

Frieda erklärt: „Damit laufe ich
jetzt zum Hexenhaus.
Ich erzähle allen Leuten unterwegs
von der Linde.
Und dass sie in Gefahr ist."
Mario ist begeistert. „Ich komme mit!"
Frieda freut sich.
Jetzt sind sie schon zu zweit!
Das ist ein guter Anfang.

Auf dem Weg zum Hexenhaus
hält Frieda den Block
hoch über den Kopf.
Alle sollen lesen,
was darauf steht.
Aber die Leute auf der Straße
schauen gar nicht hin.
Sie gehen einfach weiter
und hören nicht zu.
Die Leute kriegen nicht mit,
was Frieda ihnen sagen will.

„Der Block ist viel zu klein“, meint Mario. „Die Leute können das nicht lesen.“
Aber ein größeres Blatt hat Frieda nicht.
Mario überlegt. Dann sagt er: „Im Keller haben wir eine alte weiße Tapete. Die darf ich zum Basteln nehmen. Wir können daraus ein richtiges Plakat machen.“

Frieda findet die Idee supertoll.
Schnell laufen sie zu Mario
nach Hause und holen die Tapete.
Sie rollen sie auf dem Boden aus
und schneiden ein großes Stück ab.
Darauf schreiben sie
in riesigen Buchstaben:
„Rettet den Baum!"
Das übersieht niemand mehr!

Frieda und Mario stellen sich
mit dem Plakat unter den Lindenbaum.
Plötzlich braust der Käufer
mit seinem Auto an. Er steigt aus
und macht ein paar Fotos.
Frieda bekommt Herzklopfen.
Jetzt hat der Mann die Kinder entdeckt.
„Was habt ihr hier zu suchen?“,
schnauzt er sie an.
„Wir dürfen immer hier sein“,
antwortet Mario tapfer.
„Das hat uns Frau Peine erlaubt.“
Schließlich gehört ihr
das Grundstück noch!

Frieda hält dem Käufer
das Plakat direkt vor die Nase.
Er liest und grinst spöttisch.
„Also davon versteht ihr nichts.
Dafür ist es zu spät.
In ein paar Tagen
unterschreibe ich den Vertrag.
Dann gehört das Grundstück mir
und der Baum auch."
Frieda und Mario müssen das
unbedingt verhindern!
Sie wollen noch mehr tun!

Zu Hause setzen sich die beiden
an den Computer und schreiben:
„Das Hexenhaus soll verkauft werden.
Die Wiese soll ein Parkplatz werden.
Der Baum soll gefällt werden.
Die Tiere verlieren ihr Zuhause.
Das darf nicht passieren!
Helft mit und protestiert dagegen.“
Marios Papa hilft ihnen
bei den schwierigen Wörtern.
Sie drucken viele Flugblätter aus.

**Profifrage 5**

Wie wird das Wort richtig geschrieben?

- protestieren
- prodestieren
- protestiren

Danach ziehen Frieda
und Mario wieder los.
Sie haben das Plakat
und die Flugblätter dabei.
Unterwegs begegnen sie Frau Joris,
ihrer Lehrerin. Sie fragt:
„Um welchen Baum geht es denn?“
Als Erste von den Leuten
interessiert sie sich für den Baum.
Aufgeregt drückt Frieda ihr
ein Flugblatt in die Hand.

Die Kinder erzählen ihr alles.
Frau Joris hört genau zu.
Sie nickt immer wieder
mit dem Kopf und sagt:
„Das finde ich toll von euch.
Gerade erst wurden Bäume
für eine große Straße gefällt.
Dabei sind Bäume so wichtig
für eine bessere Luft
und ein gutes Klima.
Das lernt man ja schon in der Schule.
Ich unterstütze euch!“

Frau Joris geht den ganzen Weg
mit ihnen zum Hexenhaus.
Die Kinder rufen laut:
„Die Wiese muss bleiben!
Rettet die Linde!“
Frau Joris schließt sich ihnen an.
Jetzt gucken mehr Leute.
Einige bleiben stehen.
„Worum geht es?“,
fragen sie interessiert.
Frieda drückt allen
ein Flugblatt in die Hand.
Wie gut, dass sie und Mario
so viele ausgedruckt haben.

Am nächsten Morgen sagt Mama:
„Ich muss heute
nicht zur Arbeit.“
„Ich auch nicht“, sagt Papa.
Mitten in der Woche?
Frieda wundert sich.
„Aber ich muss zu Mario“, sagt sie.
„Ich muss den Baum retten.“
Papa und Mama schauen sich an.
Sie lächeln beide. Haben sie
etwa ein Geheimnis?

„Deshalb haben wir
uns freigenommen“, sagt Papa.
„Wir wollen nämlich auch
die Linde retten.
Wir finden es gut,
was ihr beide macht.“
Da springt Frieda auf
und umarmt sie ganz fest,
erst Papa und dann Mama.
Sie sind die besten Eltern
auf der ganzen Welt!
Aber das ist noch nicht alles.

Gemeinsam holen sie Mario ab.
Dort gibt es noch eine Überraschung.
Marios Papa steht an der Tür.
Marios Opa und Oma sind auch da.
Und alle haben Plakate dabei!

„Rettet den Baum!“

steht auf einem Plakat.

„Kein Parkplatz, sondern Wiese!“

steht auf einem anderen.

Und auf dem dritten:

„Die Tiere sollen weiter hier leben!“

Auf dem Weg zum Hexenhaus
treffen sie viele Menschen.
Frau Joris ist natürlich wieder da.
Und einige andere Lehrer.
Und ganz viele Kinder
aus ihrer Klasse sind da.
Und ganz viele Eltern.
Und alle haben Plakate dabei.
Frieda ist überglücklich.
Bestimmt hat Frau Joris
allen von der Linde erzählt.

Alle sind sich einig:
„Beton gibt es hier schon genug.
Wir müssen endlich was
für die Natur tun.“
Die Gruppe geht mit ihren Plakaten
durch die Straße.
Immer mehr Leute kommen dazu.
Gemeinsam laufen sie zur Linde.
Dort passen nicht alle auf die Wiese.
So viele sind sie!

Am nächsten Tag stehen die Leute
sogar die ganze Straße entlang.
Auf einmal fährt ein Auto vor.
Aber es ist nicht
das Auto der Maklerin.
Es ist auch nicht
das Auto vom Käufer.
Ein Mann steigt aus.
Frieda hat ihn noch nie gesehen.
Eine Kamera baumelt
um seinen Hals.

„Ich bin von der Zeitung“,
sagt der Mann. „Wer hat denn
mit dieser Aktion angefangen?“
Frieda meldet sich.
Der Reporter möchte
ein Interview mit ihr führen.
Er will einen Artikel
über den Lindenbaum schreiben.
Friedas Eltern erlauben es ihm.

**Profifrage 6**

Wer steigt aus?

- ein Roboter
- ein Reporter
- ein Rocker

Frieda erzählt dem Reporter
von Hummeln und Libellen,
vom Specht,
dem flinken Eichhörnchen
und der singenden Amsel.
Sie alle können nicht
auf einem Parkplatz leben.

Danach spricht der Reporter
noch mit Frau Joris.
Sie erklärt, wie wichtig
Bäume für das Klima sind.
Der Reporter macht noch
ein paar Fotos. Er bedankt sich
bei Frieda und Frau Joris.
Dann fährt er wieder weg.

# 3. Die Rettung

Ganz früh am nächsten Morgen
holt Papa die Zeitung
aus dem Briefkasten.
Er schlägt sie auf und ruft:
„Da steht es!“
Aufgeregt gucken ihm Frieda und Mama
über die Schulter.
Es ist ein großer Artikel
über Frieda und ihre tolle Aktion.
Ein Foto vom Baum gibt es auch.

Frieda liest die Überschrift.
„Die Baumretterin“ steht da.
„Ein mutiges Mädchen kämpft
für ein Stück Natur.
Gemeinsam mit ihren Freunden
geht sie auf die Straße
und protestiert.“
Hoffentlich lesen ganz, ganz
viele Menschen diesen Artikel!

Natürlich geht Frieda auch
heute wieder zur Linde.
Diesmal kommt der halbe Stadtteil
zum Hexenhaus mit.
Dann hält ein Bus an der Haltestelle.
Eine alte Frau steigt aus
und kommt auf Frieda zu.
Sie stützt sich auf einen Stock.
Frieda kennt die Frau sehr gut.
„Frau Peine!“, ruft sie.

„Ich habe die Zeitung gelesen“,
sagt Frau Peine zu ihr.
„Dadurch habe ich erst erfahren,
was der Käufer vorhat.
Ich unterschreibe den Vertrag heute nicht.
Das Grundstück geht jetzt
an jemand anderen.
Ich bin so froh über deine Aktion.“
„Hurra!“, jubeln alle
und klatschen wie verrückt Beifall.

**Profifrage 7**

Was ist ein Vertrag?

- ein Vorschlag
- eine Abmachung
- ein Angebot

Kurz darauf beginnt wieder die Schule.
Frieda hat nicht mehr so viel Zeit.
Nachmittags geht sie in den Hort.
Aber auf dem Heimweg
geht sie immer am Hexenhaus vorbei
und umarmt den Baum.
Da raschelt es wieder im Laub.
Und auf einmal sieht Frieda
ein paar winzige Näschen hervorlugen.
Da ist eine Igelfamilie!

Eines Tages steht ein Transporter
vor dem Hexenhaus.
Männer laden Möbel aus
und viele große Kartons.
Sie tragen alles ins Haus.
Die neuen Käufer ziehen ein.
Ob sie wirklich nett sind?

Jetzt traut sich Frieda nicht mehr
auf das Grundstück.
An den Fenstern im Haus
hängen wieder Vorhänge.
An der Klingel und am Briefkasten
hängt ein neues Namensschild.
Und noch etwas hat sich verändert.
Auf der Wiese stehen jetzt
ganz seltsame Kästen.
Um sie herum summen viele Bienen.

Da geht die Tür vom Hexenhaus auf.
Ein Mädchen kommt heraus.
Eine Katze streicht ihr um die Beine.
Das Mädchen geht auf Frieda zu.
„Hallo“, sagt es.
„Ich bin Daria und wohne jetzt hier.
Zusammen mit meinen Eltern,
meiner Katze und unseren Bienen.“

Frieda streichelt die Katze.
Sie ist so froh.
Daria und ihre Familie sind nett.
Sie sind genauso nett wie Frau Peine.
Forscherin Frieda darf sich sogar
die Bienenstöcke angucken.
Darias Mutter zeigt sie ihr.

Sie erklärt, wie die Bienen
zu ihrem Honig kommen.
„Zum Glück gibt es hier die Wiese
mit den vielen Blumen“, sagt sie.
„Und im Sommer blüht die Linde.
Da geht es den Bienen gut.
Und der Katze natürlich auch.“
„Und uns auch“, ruft Daria.
„Und der Linde auch“, ruft Frieda.

**Profifrage 8**

Welchen Honig gibt es nicht?

- Lindenblütenhonig
- Tannenhonig
- Hummelhonig

Zum Einzug feiert Darias Familie ein Fest. Frieda, Mario und ihre Eltern sind eingeladen. Sie sitzen zusammen im Garten. Plötzlich klingelt es an der Tür. Der neue Gast ist Frau Peine! Frieda umarmt sie stürmisch. „Danke, dass Sie den Baum gerettet haben“, jubelt Frieda. „Nein, den Baum habt ihr gerettet“, antwortet Frau Peine. Und dann stoßen sie zusammen mit Apfelsaft an.

# Für Vollprofis

Jetzt ist die Geschichte zu Ende.
Hier geht's mit Aufgaben für Vollprofis weiter!
Die Lösungen findest du auf der Rückseite.

1. Welche Tiere gibt es in Frau Peines Garten?

2. Welches ist das Lindenblatt? Male an.

**3.** Brückenwörter! Wie heißen sie? Finde noch mehr.

 ______  ______ 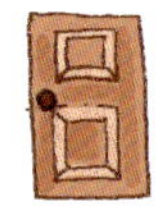

 ______  ______ 

 ______  ______ 

## Herzlichen Glückwunsch!

Geschafft. Jetzt bist du ein echter Leseprofi! Noch mehr spannende Bücher findest du unter www.duden-leseprofi.de

**Lösungen**

1. Libelle, Igel, Specht, Amsel, Eichhörnchen, Käfer, Hummel
2. ▲
3. Hexenhaus – Haustür; Bienenstock – Stockbett; Laubbaum – Baumkrone

Das Lesezeichen ist dein Lösungsschlüssel für die Profifragen!

Für jede Antwort findest du ein Puzzleteil.

Wenn es zum Puzzle auf dem Lesezeichen passt, ist die Antwort richtig!